N° 26

Action Populaire

SÉRIE SOCIALE

Albert VALENSIN.

UNE NOTION QUI S'OBSCURCIT

Le Principe d'Autorité

et les Exigences Sociales

du Temps présent

LA BROCHURE : 0 FR. 60

ACTION POPULAIRE
51, rue Saint-Didier
PARIS (16°)

MAISON BLEUE
Rue des Petits-Pères
PARIS (2°)

BUREAUX des ÉTUDES
5, Place St-Franç.-Xavier
PARIS (7°)

Brochures Jaunes
de l' « Action Populaire »

Prix établis à raison de 0 fr. 10 les 4 pages :
16 pages, l'unité 0 fr. 40 ; — 20 p. : 0 fr. 50 ; 24 p. : 0 fr. 60 ;
— 32 p. : 0 fr. 80 ; — 40 p. : 1 fr. ; - 48 p. : 1 fr. 20 ; — 56 p. :
1 fr. 40 ; — 64 p. : 1 fr. 60... franco.

Avant la guerre, l'A. P. publiait, chaque mois, les organes suivants : — une publication populaire : **Peuple de France** (mens. 16 pp.) ; — une revue trimensuelle, sous trois titres : **Revue de l'Action Populaire, Courrier des Cercles d'Etude, Vie Syndicale** (36 pp.) ; — une grande revue internationale : **Le Mouvement social** (112 pp.). L'A. P. leur substitue, pour l'instant une revue nouvelle :

Les DOSSIERS

de l'ACTION POPULAIRE.

Organe bi-mensuel d'action sociale et religieuse

Fond et forme, méthode et esprit, les « *Dossiers* » continuent fidèlement les organes qu'ils remplacent, ils ne sont pas une revue documentaire. mais une publication *immédiatement orientée vers l'action.*

Leur originalité tient en ce que tous leurs articles, communications, chroniques, documents, plans, etc., sont livrés sur *feuilles séparées*, ce qui permet à l'abonné de disposer méthodiquement tous ces matériaux dans un « *Dossier-classeur* ».

Cette présentation nouvelle ménage à nos amis un très appréciable avantage : celui de leur mettre en main un véritable *instrument de travail,*

plus *maniable* qu'une *revue ordinaire,*

plus *actuel* et plus *vivant* qu'un *livre,*

aussi *complet* qu'une *encyclopédie.*

La collection des « *Dossiers* », c'est un *Secrétariat social à domicile.*

ABONNEMENT :

France, un an : **12 fr** Union postale, **14 fr.**
Dossier-classeur : **2 fr.** en sus.

L'abonnement part du commencement de chaque trimestre. Adresser les commandes et valeurs à *M. l'Administrateur de l'A. P.* 51, *rue Saint-Didier, Paris* (16e).

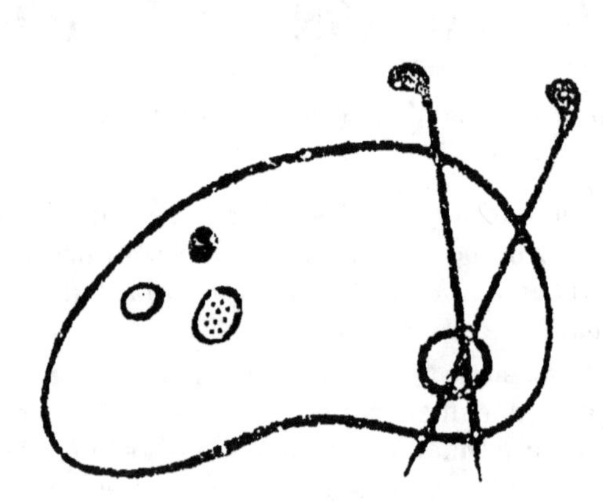

Fin d'une série de documents
en couleur

LE PRINCIPE D'AUTORITÉ

et les Exigences sociales du temps présent [1]

En 1851 paraissait à Paris un ouvrage intitulé : *Idée géné-rale de la révolution au dix-neuvième siècle : choix d'études sur la pratique révolutionnaire et industrielle.* La préface, sous forme d'appel à la bourgeoisie, se terminait par cette apostrophe :

Bourgeois, qu'on l'affirme ou qu'on la nie, la révolution fond sur vous avec une rapidité de mille lieues par seconde. Il ne s'agit pas de la discuter : il faut vous préparer à la recevoir ; il faut avant tout la connaître.

Dans les loisirs d'une longue prison, tandis que le pouvoir, brisant ma plume de journaliste, me tient séquestré de la polémique quotidienne, mon âme révolutionnaire, s'est remise à voyager dans le pays des idées. J'ai rapporté de mes pérégrinations d'au delà les préjugés de notre vieux monde, quelques graines dont la culture ne peut manquer de réussir dans nos terrains préparés : permettez-moi de vous offrir aujourd'hui un échantillon. A vous, bourgeois, les honneurs de cette semence, dont le premier fruit sera de vous remettre en mémoire la seule chose dont il importe en ce temps de vous occuper, et qu'on oublie de partout, la révolution. Et puissent après moi de plus hardis explorateurs, encoura-gés par mon exemple, achever enfin la découverte si longtemps rêvée de la République démocratique et sociale !

Salut et fraternité. (Proudhon, *Conciergerie*, 10 juillet 1851).

Une partie considérable de cet ouvrage, notamment la qua-

[1] Extrait de la revue *Études*, 5-20 Juin 1920.

ÉTUDES. — *Revue bimensuelle*, les Études font la première place aux sujets que leur importance maintient à l'ordre du jour et auxquels l'intérêt des hommes intelligents assure, en notre temps, un surcroît d'actualité.

Les abonnements partent du 5 janvier, du 5 novembre, du 5 juillet ou du 5 octobre.

Un an : France..... 30 fr.   Union postale..... 35 fr.
Six mois : France..... 16 fr.   Union postale..... 18 fr.

Adresses, valeurs et correspondance : à l'Administrateur des *Études* 5, place Saint-François-Xavier, Paris (VIIe).

trième et la septième étude, est consacrée à critiquer l'idée
d'autorité et à établir comment pourra s'édifier *selon la formule de la loi révolutionnaire qui sert de base au présent écrit :
à savoir que toute négation implique une affirmation et que
celui-là seul est vraiment réparateur, qui est vraiment démolis-
seur* (p. 276), une société, dont le gouvernement se dissou-
drait dans l'organisme économique, et qui se maintiendrait
vivante sans autorité.

Car, déclare Proudhon dans son épilogue :

L'idée capitale, décisive de cette révolution, n'est-elle pas en effet : plus
d'autorité, ni dans l'Église, ni dans la terre, ni dans l'argent. Or, plus
d'autorité, cela veut dire ce qu'on n'a jamais vu, ce qu'on n'a jamais
compris, accord de l'intérêt de chacun avec l'intérêt de tous, identité de
la souveraineté collective et de la souveraineté individuelle ; plus d'autorité, c'est-à-dire le contrat libre à la place de la loi absolutiste, la
transaction volontaire au lieu de l'arbitrage de l'État, la justice équitable
et réciproque au lieu de la justice souveraine et distributive, la morale
rationnelle au lieu de la morale révélée, l'équilibre des forces substitué
à l'équilibre des pouvoirs, l'unité économique à la place de la centralisa-
tion politique.

Encore une fois n'est-ce point là ce que j'oserai appeler une conversion
complète, une révolution (1)?

Ce n'est point dans les prisons de l'État que l'on tient aujour-
d'hui ce langage. C'est dans ses chancelleries. Et, dans une
étude toute récente, consacrée aux problèmes d'après-guerre,
un ministre belge, M. Vandervelde, critiquant la conception
courante dans les milieux bourgeois du régime socialiste,
s'exprime ainsi :

Si le socialisme n'était pas autre chose que la reprise par l'État, sous sa
forme actuelle, des industries monopolisées, pareil système aurait pour
condition même d'existence une formidable concentration du pouvoir
gouvernemental.

L'étatisme ainsi généralisé maintiendrait le salariat, maintiendrait
l'autorité patronale, maintiendrait les rapports de subordination qui
existent entre la classe maitresse et la classe des travailleurs.

Le socialisme, au contraire, implique un changement radical, essentiel,
de ces rapports.

Il ne s'agit point de remplacer le capitalisme privé par le capitalisme
d'État, mais le capitalisme privé et le capitalisme d'État par la coopéra-
tion des travailleurs, maitres des moyens de production et d'échange. Et

(1) **Proudhon**, *op. cit.*, p. 339.

pareille transformation — qui supprime la distinction entre capitalistes et travailleurs, — n'est rien moins qu'une révolution (1).

Ainsi l'autorité est mise en question par ceux-là mêmes qui la détiennent. Ne nous étonnons pas que dans l'esprit public la notion s'en soit obscurcie. La remettre en pleine lumière est par conséquent œuvre opportune.

Les pages suivantes auront pour but, sinon d'achever, du moins d'amorcer cette œuvre, en essayant de fixer notre pensée moins sur les contingences de l'histoire que sur les principes de la doctrine, qui sert de base à la notion chrétienne de l'autorité.

Or, quand on analyse cette notion, on y discerne aussitôt deux éléments, dont la confusion est la cause secrète de plus d'un malentendu : il y a un élément abstrait et universel, puis un élément concret et particulier.

Examinons-les donc successivement.

De là *deux parties* dans cette étude :

    1° L'autorité abstraite ;

    2° L'autorité concrète.

I. — L'AUTORITÉ ABSTRAITE

On entend par autorité abstraite, non pas l'autorité particulière à tel ou tel pouvoir, à celui du père de famille, du patron, du général d'armée ou du chef d'État, mais l'autorité qui leur est commune à tous : donc une autorité universelle, parce que considérée non dans les individualités qui la réalisent, mais dans l'idée générale qui en exprime l'essence.

Plus brièvement, l'autorité abstraite c'est l'autorité en soi.

Trois questions principales se posent à son sujet :

    D'où vient-elle ?

        En quoi consiste-t-elle ?

            Qu'exige-t-elle ?

D'OU VIENT-ELLE ?

De la nature des choses L'autorité en soi vient de la nature des choses ou plus exactement, *de la nature de la société*, répondrons-nous tout d'abord.

(1) Vandervelde, *le Socialisme contre l'État*. Paris, Berger-Levrault, p. 167.

En voici la preuve :

Les hommes ne sauraient vivre normalement isolés les uns des autres. Il est dans leur nature de vivre en société, c'est-à-dire en unissant leurs activités en vue d'une fin commune. Mais pour tendre efficacement vers cette fin commune, ils ont essentiellement besoin de recevoir l'impulsion d'un principe d'unité, qui coordonne leurs activités, et, entendons-le bien, d'un principe d'unité qui ne soit pas seulement extérieur, mais intérieur, touchant à leur volonté même et la liant par le seul lien qui convienne à des êtres intelligents, et par conséquent libres : je veux dire, par le lien moral de l'obligation.

Or, ce principe, cette faculté, ce pouvoir d'obliger est précisément ce qu'on entend par l'autorité.

Donc de ce que les hommes vivent en société, il faut conclure qu'ils ne peuvent pas ne pas être sous une autorité.

Telle est la preuve classique, dont aucune objection sérieuse n'a pu ébranler jusqu'à ce jour la force probante.

Léon XIII l'a fait sienne dans son encyclique : *Immortale Dei*.

Il est, dit le Souverain Pontife, dans la nature de l'homme de vivre en société ; car ne pouvant vivre dans l'isolement, ni se procurer ce qui est nécessaire et utile à la vie, ni acquérir la perfection de l'esprit et du cœur, la Providence l'a fait pour s'unir à ses semblables en une société, tant domestique que civile, seule capable de fournir ce qu'il faut à la perfection de l'existence. Mais comme nulle société ne saurait exister sans un chef suprême qui imprime à chacun une même impulsion efficace vers un but commun, il en résulte qu'une autorité est nécessaire aux hommes constitués en société pour les régir : autorité qui, aussi bien que la société, procède de la nature.

Sous une forme d'argument affectionnée par Leibnitz, la preuve peut être rendue plus saisissante.

Toute société, dirons-nous, suppose, de sa nature, la tendance de plusieurs êtres intelligents vers une fin commune.

Toute tendance de ce genre suppose, de sa nature, l'union des esprits et des volontés en ce qui concerne le choix et l'emploi des moyens appropriés à la fin commune.

Toute union de ce genre suppose, de sa nature, un principe d'unité et d'ordre, qui n'ait pas seulement la faculté de notifier, mais le droit d'obliger.

Or, ce principe est, par définition, l'autorité.

Donc l'autorité est essentielle à la société, à toute société : que celle-ci soit domestique ou civile, barbare ou civilisée, légitime ou illégitime, libre ou nécessaire, elle aura une autorité ou elle ne sera pas. Et il faut dire par conséquent de l'autorité, qu'elle vient de la nature des choses.

Une comparaison familière illustrera, si besoin est, cette démonstration.

Considérons une machine, une montre par exemple. Ses rouages sont de telle ou telle nature, ils sont en or ou en acier et ils servent, dans la combinaison de l'ensemble, à produire l'effet final visé par l'horloger. Si ce dernier s'était contenté d'additionner la rotation des huit rouages qui composent l'horloge ordinaire, il aurait bien eu huit rotations, dont il lui était loisible d'additionner, à titre de quantités homogènes, les espaces, les temps, les vitesses, mais il n'aurait pas eu une horloge, c'est-à-dire une machine marquant les heures. Afin d'obtenir ce résultat, il lui a fallu établir un rapport déterminé de forces, de diamètres, de positions, de nombres, de dente-lures entre toutes ces roues et leurs pignons. Il lui a fallu n'ou-blier aucune de ces proportions.

On doit donc dire que la machine appelée une montre a des relations qui lui sont propres, en tant qu'elle est une machine. Car ces relations sont différentes de celles qui appartiennent à chaque rouage, considéré en particulier.

Or, ce qui est vrai de cette machine matérielle l'est aussi, et plus encore, de la machine sociale.

Si les hommes étaient destinés à vivre, séparés les uns des autres, ils pourraient tourner chacun à leur gré, et, pour ainsi dire, sur leur propre pivot. Ils n'auraient pas à se combiner dans un ensemble. Aucun d'eux n'aurait à remplir les fonc-tions exigées par la conservation et le développement de cet ensemble. Il n'y aurait donc parmi eux ni juge, ni roi, ni géné-ral, ni président, ni même administrateur de la chose publique. Car celle-ci n'existerait pas. Mais la société non plus n'existerait pas. Car pour qu'elle existe, il faut que ces fonctions s'exercent et que tous les rouages de la machine sociale obéissent à une impulsion unique vers le bien commun.

De cette impulsion unique, la force motrice, le principe

adapté à l'intelligence et à la volonté des hommes, qui composent nécessairement une société, nous l'appelons l'autorité.

'Donc l'autorité est vraiment exigée par la nature des choses.

La réponse donnée à la question : d'où vient l'autorité? est exacte. Elle n'est pas complète.

De Dieu. Il faut ajouter, que si l'autorité vient de la nature, elle ne peut pas ne pas venir *de Dieu*.

Elle vient de Dieu.

Elle en vient, comme tout ce qui est dans la nature des choses. puisque Dieu est l'auteur de la nature.

Dieu seul, en effet. remarque Léon XIII est le seul et vrai souverain de toutes choses ; toutes. quelles qu'elles soient. doivent nécessairement lui être soumises et lui obéir ; de telle sorte que quiconque a le droit de commander ne tient ce droit que de Dieu, chef suprême de tous. (Ro., xiii, 1; (1).

Pour une autre raison encore, il faut dire que l'autorité vient de Dieu. Elle en vient spécialement, en tant qu'elle est un pouvoir d'obliger. Car être obligé — la notion d'obligation que nous rappelons ici a une importance capitale — être obligé, c'est, tout en restant libre de ses actes, ne pas l'être des jugements que nous portons sur eux, c'est se sentir invinciblement et intérieurement lié, c'est-à-dire contraint à les approuver ou à les condamner ; c'est donc, en un mot, ne pas dépendre exclusivement de soi.

D'où il suit que, si nous voulons définir la nature intime de l'obligation, il faut expliquer de quoi et de qui nous dépendons.

Or, nous ne pouvons dépendre, en dernière analyse, que de Celui qui a fait notre nature, de Dieu,

Donc, il faut dire que, si nous nous sentons obligés, c'est que Dieu a imprimé à notre nature la loi qu'il lui impose, qu'il a incorporée en nous et qu'il est, lui, son fondement dernier comme son suprême législateur.

Faut-il en conclure que nier Dieu soit nier l'obligation et l'autorité? Logiquement, oui ! Car nier le principe, c'est nier la conséquence. Mais psychologiquement, l'effet peut être cons-

(1) Encyc. *Immortale Dei.*

taté, alors que l'esprit se refuse à l'expliquer. Tel est le cas de l'obligation.

Mais, remarquons-le bien, l'acte par lequel on se refuse à l'expliquer, au nom de l'impuissance de la raison, est invinciblement désavoué par la raison. Celle-ci s'affirme en se condamnant.

C'est pourquoi, soit dit en passant, l'obligation, et dans une certaine mesure le phénomène social de l'autorité, fournissent des bases suffisantes, même avant d'avoir été expliqués et théoriquement justifiés, pour que l'homme raisonnable s'élève jusqu'à la connaissance de Dieu et de la liberté.

L'autorité vient donc de la nature des choses et par suite de Dieu.

EN QUOI CONSISTE-T-ELLE ?

De ce que nous venons de dire, au sujet de sa genèse, il résulte avec évidence que l'autorité ne saurait être une somme : la somme des unités individuelles, des volontés et intelligences particulières. Elle existe avant que les individus aient voulu qu'elle soit. Aussi quand le Syllabus rejeta comme erronée cette assertion : *Auctoritas nihil aliud est, nisi numeri, et materialium virium summa* (60), l'Église sauva, une fois de plus, par les procédés qui lui sont propres et dont la légitimité ne peut être mise en doute par un croyant, une vérité de la raison.

Mais si l'autorité n'est pas la somme des éléments sociaux, en quoi consiste-t-elle ?

En une prérogative de jouissance, dont aurait à bénéficier quelque privilégié du sort ? Non. Car, tandis que la propriété est d'abord pour qui en possède le droit, l'autorité est d'abord en faveur de ceux sur lesquels elle a le devoir de s'exercer. Elle est essentiellement, non pas un avantage personnel, mais une charge sociale.

Un droit de gouvernement. Souveraineté des personnes sur les personnes, elle ne peut donc être, à proprement parler, qu'un *droit de gouvernement*.

S'il en était autrement, les éléments sociaux qu'elle présuppose seraient des choses et non des hommes, des forces maté rielles à mouvoir, et non des êtres libres à diriger. S'il en était autrement, l'autorité, qui, puisqu'elle dérive de la nature et de Dieu, est, par définition, un droit, cesserait de l'être en fait ; car elle ne serait plus juste.

Saint Thomas en a fait l'observation en un langage qui n'est pas pour déplaire aux hommes de notre temps, et dont la calme hardiesse leur apprendrait, au besoin, que les philosophes chrétiens n'ont pas attendu le xix° siècle pour parler, sainement, le langage de la liberté.

Quand des hommes libres, réunis en société, dit-il, ont un chef, dont le bien commun de la société est le souci, alors le gouvernement est droit et juste ; il est tel qu'il convient à des hommes libres. *Si liberorum multitudo a regente ad bonum commune multitudinis ordinetur, erit regimen rectum et justum, quale convenit liberis.*

Que si, au contraire, ce n'est pas en vue du bien commun de la société, mais en vue de son bien privé, que le chef gouverne, alors le gouvernement est injuste et mauvais. *Si vero non ad bonum commune multitudinis sed ab bonum privatum regentis regimen ordinetur, erit regimen injustum et perversum* (1).

Telle est l'évidence de ces raisons qu'elle a frappé, bien des siècles avant que l'Évangile n'ait avivé dans le monde le sens de la dignité humaine, ce philosophe païen de génie que fut Aristote.

Il est manifeste, écrit-il, que tout ce qui regarde la commune utilité de la chose publique est juste et conforme au droit ; mais tout ce qui n'est fait qu'en vue de l'avantage personnel de ceux qui détiennent l'autorité, est mauvais et opposé à l'idéal d'un bon gouvernement. Celui-ci n'est pas la domination d'un maître sur des esclaves. Car la Cité est la société des hommes libres (2).

Un pouvoir moral. Or, un droit de gouvernement, auquel il est essentiel de s'exercer non par manière de domination, mais de commandement, est nécessairement *un pouvoir moral.*

Nous dirons donc de l'Autorité qu'elle consiste en un pouvoir moral de commandement et que son premier et inaliénable caractère est d'être dans la société un *principe intelligent.*

(1) *De regimine Princ.*, l. I, c. i.
(2) *Polit.*, l. III, c. 3, 8, 1279.

Un principe unifiant. Elle est de plus — et ce second caractère lui est non moins essentiel que le précédent — un principe *unifiant*.

Distinct des éléments multiples et matériels, auxquels il donne l'unité sociale, ce principe ne saurait cependant en être séparé. S'il n'en était pas distinct, il faudrait logiquement mettre l'autorité en chacun, c'est-à-dire nulle part, lui enlever toute indépendance, c'est-à-dire la supprimer, la ramener au niveau égalitaire, où elle n'apparaîtrait plus que comme un mandat, alors qu'elle consiste essentiellement en une souveraineté. Si, par ailleurs, le principe unifiant qu'est l'autorité se séparait des éléments sociaux qui lui doivent leur unité, il faudrait logiquement reconnaître, non plus l'indépendance, mais l'absolue autonomie de l'autorité. Il faudrait dire que son fondement est en elle-même. Il faudrait, par suite, identifier l'autorité avec l'absolutisme.

Évitons ces excès contraires en maintenant le principe unifiant qu'est l'autorité en contact avec les éléments sociaux qu'il ordonne, sans cependant l'absorber en eux.

Un principe bienfaisant. Le troisième caractère essentiel de l'autorité consiste en ceci qu'elle ne peut pas ne pas être un principe *bienfaisant*.

S'il est en effet de sa nature de réaliser l'unité d'action en unifiant les volontés individuelles, de conserver ainsi et de promouvoir la société humaine, il faut dire que, par nature, elle est destinée au bien de ceux sur lesquels elle a à s'exercer.

Ce n'est certes pas chez les philosophes de la Grèce et de Rome, moins encore chez ceux de l'Inde ou de la Chine, que nous pourrons trouver la véritable formule de cette bienfaisance inhérente à l'autorité. Le paganisme ne vit guère, dans l'autorité, que l'exploitation des faibles par les forts. Aristote lui-même, dont nous avons recueilli tout-à-l'heure une sage et profonde pensée, contredit ses propres axiomes et fausse, par une théorie inadmissible sur l'esclavage, sa conception de l'autorité.

C'est dans les philosophes chrétiens que l'autorité est vraiment conçue comme un principe bienfaisant. Car, à leurs yeux, elle est essentiellement *un service*.

Témoin cette page si juste et si profonde de Bonald :

Le pouvoir n'est qu'un service. Le divin Maître réprime les mouvements d'orgueil et le désir de domination qu'avaient fait naître dans quelques-uns de ses disciples, la fonction d'enseigner et le pouvoir de guérir qu'il leur avait donnés, et leur révèle le secret de leur ministère, de tout ministère. Il leur apprend que le pouvoir n'est qu'un service; que le Fils de l'homme lui-même n'est pas venu pour commander mais pour servir, et que le plus grand d'entre eux ne doit être que le serviteur des autres. (Mt., xx, 28 ; xxiii, ii.)

Certes, on ne s'étonnera pas que nous cherchions dans l'Évangile des maximes et des leçons applicables à la politique, si l'on remarque que, dans toutes les langues chrétiennes, les mots servir et service désignent les plus hautes fonctions politiques, judiciaires et militaires.

Cette locution vraie et touchante, inconnue aux langues anciennes, a passé de l'Évangile dans les nôtres; et le pouvoir le plus élevé de la société, le chef visible de l'Église, ne prend que le titre de Serviteur des serviteurs de Dieu (1).

Bien avant de Bonald, un grand docteur de l'Église, saint Augustin, avait, dans un ouvrage célèbre sur les propriétés de la Société chrétienne, exalté, en termes excellents, la bienfaisance de l'autorité. S'adressant à l'Église catholique, cette mère et maîtresse des chrétiens, le saint évêque s'écrie :

O Église catholique, mère vénérable et seule légitime des chrétiens, non seulement votre doctrine très pure et très sainte nous enseigne l'amour de Dieu, dont la possession est le souverain bien, mais encore la charité envers le prochain ; et cette charité, vous l'exercez généreusement, en fournissant aux âmes toutes sortes de remèdes pour les guérir des différentes maladies du péché.

Vous instruisez et vous disciplinez l'enfant avec enjouement, la jeunesse avec force, la vieillesse avec une bonté pleine d'égards ; vous faisant toute à tous et adaptant vos procédés à tous les âges.

Vous soumettez les femmes à leurs maris par une chaste et fidèle obéissance, non pas dans un but de grossière volupté, mais pour avoir des enfants et partager les devoirs sacrés de la famille. En donnant aux maris puissance et autorité sur les épouses, vous ne décrétez pas l'avilissement d'un sexe faible, mais vous imposez la loi d'un sincère et réciproque amour.

Dans la famille, vous inspirez aux fils une obéissance respectueuse et libre ; aux parents, une pieuse et ferme autorité. Vous unissez les frères par des liens plus forts que ceux du sang. Respectueuse pour tous les sentiments légitimes du cœur humain, vous ne les brisez pas, vous les sanctifiez ; vous enchaînez par une charité mutuelle les amis et les membres d'une même maison. Vous attachez les serviteurs à leurs maîtres moins par la nécessité de la condition que par la joie du devoir.

Par la considération du Père et Seigneur commun, qui est au ciel, vous

(1). *Méditations politiques tirées de l'Évangile.*

rendez les maîtres traitables et humains envers les serviteurs, leur faisant mettre la douce persuasion à la place de l'ordre brutal.

Vous unissez les citoyens aux citoyens, les nations aux nations, non seulement par le sentiment du besoin naturel et des exigences sociales, mais encore par une véritable fraternité fondée sur le souvenir d'une commune origine. Vous commandez aux peuples d'obéir à leurs souverains.

L'honneur, l'amour, la crainte, le respect, la consolation, le conseil, l'exhortation, la discipline, la réprimande, le châtiment: vous nous apprenez à qui sont dûes toutes choses, nous faisant comprendre que si les mêmes devoirs ne s'adressent pas à tous, à tous nous devons la charité, à tous le respect du droit (1).

Ce que dit saint Augustin de l'autorité de l'Église catholique, s'applique évidemment à l'autorité en soi, que nous considérons présentement et dont elle n'est qu'une des réalisations historiques.

Or, un principe, qui, de sa nature, procure le bien-être de la société et qui ne peut exercer ses fonctions qu'en reliant les membres de cette société par un lien de bienveillance et d'amour — le christianisme ajoute : de charité, — est un principe essentiellement bienfaisant.

A la question que nous nous étions posée : en quoi consiste l'autorité, nous pouvons donc répondre qu'elle est esssentiellement un *droit de commander qui fait de celui ou de ceux qui en détiennent le pouvoir un principe intelligent, unifiant et bienfaisant de la société.*

Qu'exige-t-elle ?

Il suffit de l'indiquer brièvement. Ces exigences ne sont que des corollaires de la doctrine qui vient d'être rappelée.

Le respect. L'autorité, quels qu'en soient les représentants, exige *le respect.*

Car ce n'est pas tant à l'homme que va cet hommage qu'à Dieu, dont il tient son autorité.

Léon XIII a insisté, avec ce sens de l'opportunité qui était une partie de son génie, sur cette première exigence de l'autorité.

Si les sujets, dit-il, sont une fois convaincus que l'autorité des souverains vient de Dieu, ils se sentiront obligés en justice à accueillir dociles

______
(1) *De moribus Ecclesiæ,* XXX.

ment les ordres des princes et à leur prêter obéissance et fidélité, par un sentiment semblable à la piété qu'ont les enfants envers les parents... ils n'est pas plus permis de mépriser le pouvoir légitime, quelle que soit la personne en qui il réside, que de résister à la volonté de Dieu... Ainsi donc, secouer l'obéissance et révolutionner la société par le moyen de la sédition, c'est un crime de lèse-majesté, non seulement humaine, mais divine (1).

Le respect qu'exige de tous, notamment de ses inférieurs, l'autorité souveraine, renferme ainsi tous les autres devoirs d'*obéissance* et de *fidélité*, de l'accomplissement desquels dépend l'ordre politique, condition du Bien commun qui est la fin de la société.

La conscience des responsabilités. En ceux qui la détiennent, l'autorité exige la *conscience de leurs responsabilités sociales* devant les hommes et devant Dieu.

Quelle que soit la forme de gouvernement, dit encore Léon XIII, tous les chefs d'État doivent absolument avoir le regard fixé sur Dieu, souverain modérateur du monde et dans l'accomplissement de leur charge, le prendre pour modèle et pour règle.

C'est Dieu, en effet, qui non seulement dans l'ordre des choses visibles, a créé ces causes secondes en qui se reflètent d'une certaine manière sa nature et son action, et qui concourent à la fin où tend l'univers, mais qui, dans la société civile, a voulu qu'il y eût une autorité, dont les dépositaires fussent comme une image de la puissance et de la providence divine sur le genre humain.

Le commandement doit donc être juste; c'est moins le gouvernement d'un Maître que d'un Père; car la très juste puissance de Dieu sur les hommes est unie à une bonté paternelle. Il doit d'ailleurs s'exercer pour l'avantage des citoyens parce que ceux qui sont investis de l'autorité sur les autres, ne la possèdent que pour le bien commun.

Si les chefs d'État se laissaient entraîner à une domination injuste, s'ils péchaient par abus de pouvoir ou par orgueil, s'ils ne pourvoyaient pas au bien du peuple, qu'ils le sachent, ils auront un jour à rendre compte à Dieu, et ce compte sera d'autant plus sévère que plus sainte est la fonction qu'ils exercent et plus élevé le degré de dignité qu'ils possèdent (Sap., VI, 7).

De cette manière, à la majesté du pouvoir répondra chez les citoyens un respect honnête et volontaire.

C'est pour nous, chrétiens, un motif de légitime fierté d'entendre de telles paroles tomber des lèvres d'un pontife, qui parle

(1) Encycl. *Immortale Dei.*

au nom de Dieu. Elles satisfont, en effet, la raison et marquent lumineusement à travers les théories contradictoires, qui obscurcissent aujourd'hui tant d'intelligences, les points fixes d'une doctrine de vérité, de vie et de liberté.

Mais notre fierté chrétienne a le droit de grandir encore, si nous songeons que cette doctrine n'est pas l'acquisition récente d'un siècle, prétendu émancipé, mais le dépôt d'une tradition, qui remonte d'âge en âge jusqu'à l'époque apostolique.

Moins de trente ans après que le Christ eût quitté la terre, où il n'avait voulu être que le semeur qui passe, l'apôtre saint Paul, écrivant aux fidèles de cette Rome, dont le poète antique avait exalté, en la chantant en des vers admirables, la puissance dominatrice, exposait déjà la notion catholique de l'autorité :

Que toute âme rende aux autorités suprêmes l'hommage de sa soumission. Car il n'y a point d'autorité qui ne vienne de Dieu. Celles qui existent sont instituées par Dieu. C'est pourquoi celui qui résiste à l'autorité, résiste à l'ordre établi par Dieu. Et ceux qui résistent à l'ordre établi par Dieu s'attirent un jugement sévère.

Quant aux gouvernants, ils ne sont pas une cause de crainte pour celui qui fait le bien, mais pour celui qui fait le mal.

Veux-tu ne pas craindre l'autorité ? Fais le bien et tu auras son approbation, car elle remplit de la part de Dieu, auprès de toi, un ministère bienfaisant. Mais si tu fais le mal, tremble ; car ce n'est pas en vain qu'elle porte l'épée, et elle remplit ainsi, de la part de Dieu, un ministère de vengeance contre ceux qui font le mal.

Il faut donc être des sujets soumis, non seulement par crainte du châtiment, mais par devoir de conscience. Ceux qui ont l'autorité sont des ministres de Dieu, occupés par lui à cette fonction.

Rendez donc à chacun ce qui lui est dû : à qui vous devez l'impôt, l'impôt ; à qui le tribut, le tribut ; à qui le respect, le respect ; à qui l'honneur, l'honneur.

Ne soyez en reste avec personne, si ce n'est en amour mutuel ; car celui qui aime le prochain a accompli la Loi (1).

Voilà bien, en un raccourci saisissant de *Sociologie chrétienne*, ce que l'on pourrait appeler la *philosophie de l'autorité*. Entendons : de l'autorité abstraite ; car c'est d'elle seule que nous avons parlé jusqu'à présent. Il est donc nécessaire, si nous voulons étudier sous tous ses aspects la notion de l'autorité, de fixer maintenant notre attention sur l'autorité concrète.

(1) *Rom.*, XIII, 1-12.

II. — L'AUTORITÉ CONCRÈTE.

On appelle ainsi l'autorité propre aux diverses sociétés humaines: l'*autorité paternelle* dans la société domestique; l'autorité *patronale* dans la société professionnelle; l'autorité *politique* dans la société civile ; et pour prendre des exemples jusque dans ces sociétés plus contingentes encore, qui se font et se défont au gré, je ne dis pas du caprice, mais de la liberté: telle encore l'autorité d'un Commandant en chef dans une armée; celle d'un Président dans une académie.

De cette autorité concrète, qui, parce qu'elle est concrète, est toujours individuelle et particulière, il s'agit de savoir :

Quels sont les titres ?

Les limites ?

Et les degrés ?

Les Titres.

Les titres historiques. Qui dit *titre*, en matière de droit, dit la raison d'être de ce droit. Et puisque nous considérons ici l'autorité concrète, les titres dont nous parlons le seront aussi. On les appelle alors *historiques*.

La question est donc celle-ci: quel est le fait qui détermine dans tel ou tel homme le droit de commander ? De la nature de ce fait dépendra manifestement la nature de l'autorité. Le fait est-il divin? c'est-à-dire la cause déterminante du pouvoir conféré à un homme sur d'autres hommes est-elle une élection divine, il faudra dire de cette autorité, qu'elle est, en tant qu'autorité concrète, de droit divin. Si, au contraire, le fait est humain, il faudra dire de cette autorité que, bien qu'elle vienne de Dieu, pour autant qu'elle participe à l'autorité abstraite qui en dérive, elle est, à proprement parler, une autorité humaine.

Or, en dehors de la société religieuse, fondée directement par Jésus-Christ et qui s'appelle l'Église catholique, apostolique et romaine, et abstraction faite des origines du peuple de Dieu, il y a lieu de se demander s'il y eut dans l'histoire une autorité concrète, dont les titres aient été autre chose que des faits humains. Rois par la grâce de Dieu selon le style des chancelleries d'ancien régime ou rois constitutionnels à la mode d'hier, présidents de républiques modernes ou autocrates antiques, quelle que soit la forme de gouvernement qu'ait revêtue la société politique, celle-ci a toujours obéi, semble-t-il, à une autorité, qui, bien que dérivée de Dieu, comme toute autorité, n'eut cependant d'autre titre historique qu'un fait humain.

Quel est ce fait?

Le fait humain. D'aucuns répondent : c'est le suffrage de la multitude et lui seul. Car il serait l'expression de la volonté générale, au-dessus de laquelle il n'y a pas d'autorité légitime, et qui, sans jamais se donner des supérieurs, délègue à des représentants une part de l'autorité, dont elle conserve néanmoins le droit inamissible. C'est la thèse du *Contrat social*. Mais Rousseau a eu beau doter la volonté générale de toutes les qualités imaginables, il n'a pu réussir à donner la vie à ce fantôme.

Ni en fait ni en droit, la thèse n'est acceptable. Elle ne l'est pas en droit, car si la volonté générale reste détentrice du pouvoir, l'autorité n'est plus qu'un mythe, le commandement un attentat à la liberté, la subordination une déchéance. Elle ne l'est pas en fait, car la volonté générale, ce n'est en réalité que le nombre, lequel n'est pas la raison, mais la force. Or, il est essentiel à l'autorité qu'elle soit, ainsi que nous l'avons vu plus haut, un principe intelligent.

Le fait humain, qui pourra déterminer le dépositaire de l'autorité, sera, manifestement, variable, suivant qu'il s'agira de sociétés libres ou nécessaires, artificielles ou naturelles. Il le sera jusque dans la société politique elle-même. Mais quelles qu'en soient les contingences, *il devra être révélateur de la nature des choses et des exigences supérieures du bien commun.* Alors se manifestera le devoir de la sujétion à une autorité, dont il faudra dire qu'elle est, avant qu'aucun pacte, aucun contrat, voire même aucun libre consentement n'aient été à l'origine de son droit.

Dans une société politique déjà constituée, le fait antécédent, par lequel est légitimement déterminée l'autorité concrète, est donc. tout d'abord, la juste possession de l'autorité. S' au contraire, la société politique commence seulement à se constituer, soit qu'elle naisse à la vie nationale, soit qu'elle cherche, au milieu des bouleversements du passé, la reconstitution d'un ordre public nécessaire à sa fin, ce fait sera surtout l'aptitude plus grande de tel homme ou de tel groupe d'hommes aux fonctions dont l'autorité impose le devoir.

On comprend dès lors que la désignation de l'autorité puisse, comme le note l'encyclique *Diuturnum*, être laissée, dans certains cas, à la volonté et au jugement de la multitude, sans que s'oppose à cette hypothèse ni ne la contrarie la doctrine catholique. *Eos qui reipublicae praefuturi sint posse in quibusdam causis voluntate judicioque deligi multitudinis, non adversante neque repugnante doctrina catholica.*

Par ce choix, continue Léon XIII, est déterminée la personne du souverain, mais non pas conféré le droit de souveraineté : on ne charge pas d'un mandat l'autorité, mais on décide par qui celle-ci devra être exercée *neque mandatur imperium, sed statuitur a quo sit gerendum*. Ce qui laisse intacte la question des différents régimes politiques ; car il n'y a pas de raison pour que l'Église hésite à reconnaître, soit dans un seul, soit dans plusieurs, une autorité par ailleurs juste et dont le bien commun soit la raison d'être. C'est pourquoi, sous la réserve de la justice, il n'est pas défendu aux peuples de se donner la forme de gouvernement, que leur génie ou celui de leurs ancêtres, perpétué en des institutions ou des coutumes, montre plus raisonnable.

Remarquables paroles, qui paraissent bien propres, quand on en pèse attentivement les termes, à résoudre, au moins pratiquement, le problème parfois épineux des origines historiques de l'autorité concrète, d'autant que la logique du principe d'autorité entraîne nécessairement l'esprit à reconnaître, que s'il peut y avoir une désignation populaire, la multitude, dont parle le Souverain Pontife, ne crée pas le droit, mais le reconnaît, ne communique pas l'autorité, mais pose seulement une condition requise, dans des circonstances données, pour son exercice.

Les limites.

Une fois établie dans sa légitimité, l'autorité a le devoir

d'agir selon sa nature. Mais son action a des limites, dont les unes lui sont imposées du dehors, les autres du dedans.

Limites du dehors. Du dehors lui sont imposées des limites par tous les droits individuels ou collectifs, dont l'existence ne dépend pas d'elle.

L'homme, en effet, ne finit pas où finit le citoyen, ni la société où finit l'État. Bien loin de dire, comme le prétendaient les légistes, adulateurs des rois absolus, et comme l'enseignent aujourd'hui les jacobins, ces modernes courtisans de la souveraineté populaire, qu'il n'y a de droits pour les particuliers et pour les associations, que ceux que leur confère l'autorité politique, nous estimons, au contraire, que celle-ci est limitée par des institutions distinctes d'elle et par ces droits de l'homme, dont elle est non la maîtresse mais la servante.

Saint-Marc Girardin a résumé, en une page de vive allure, la thèse de Rousseau, à laquelle s'oppose notre doctrine :

Plus de droits dans l'État, que pour l'État ; contre l'État point de droits. Il est contre la nature du corps politique, dit Rousseau, de s'imposer une loi qu'il ne puisse enfreindre. Ne demandez donc à l'État ni charte, ni constitution que vous puissiez invoquer contre lui. L'État ne peut être lié ; car représentant la volonté générale, il n'y a aucune raison grave que la volonté générale d'aujourd'hui soit la volonté générale d'hier. Tout est juste pour l'État ; car c'est lui qui fait la justice. Et que les sujets ne s'avisent pas de réclamer des garanties contre les lois de l'État... toute défense, toute garantie contre le pouvoir de l'État, est une faute de logique, puisqu'il est impossible que le corps veuille nuire à ses membres.

Cette idéologie conduit à toutes les tyrannies et les consacre. Peut-on hésiter à la repousser au nom même de la raison ?

Limites du dedans. Limitée du dehors, toute autorité concrète l'est encore du dedans. Cela de deux manières : par son propre pouvoir et par sa compétence.

Par son pouvoir : car celui-ci ne s'exerce directement que sur les actes extérieurs, qui intéressent l'ordre public, et s'arrête, par conséquent, impuissant devant le sanctuaire inviolé des consciences humaines, où ne pénètre que Dieu et le ministre de Dieu dans l'acte sacramentel de la pénitence chrétienne.

Par sa compétence, l'autorité est encore limitée en ce sens qu'elle ne peut légitimement commander que ce qui est en rapport avec sa fin. Autres seront donc les limites de l'autorité paternelle, autres celles de l'autorité patronale, autres celles de l'autorité politique.

Ce n'est pas le lieu d'entrer ici dans des détails d'application. Il suffit d'en marquer les lignes directrices.

Et concluons que l'*autorité politique*, dont le cas est toujours à observer, quand il s'agit d'étudier l'autorité concrète. ne saurait être raisonnablement considérée comme la providence visible de tous les membres de la société. l'assistante obligée de tous leurs besoins, la pourvoyeuse de toutes leurs nécessités, la gérante universelle de leurs intérêts, et la seule maîtresse autorisée de leurs intelligences. Pour rester dans les limites de sa compétence, *elle ne doit être qu'un gouvernement.*

L'autorité concrète étant multiple, il faudra nécessairement qu'entre les hommes où les sociétés qui la détiennent s'établisse une hiérarchie. Sinon il y aurait conflit insoluble d'autorités et de droits. Le dernier mot de la justice serait dit par la force : ce qui est contradictoire.

Les degrés.

De l'autorité concrète, que nous essayons de caractériser, il s'agit donc, pour finir, d'indiquer, au moins sommairement, *les degrés.*

Or, si seule, l'autorité concrète, possédée dans sa plénitude, mérite, à proprement parler, d'être appelée *l'autorité souveraine,* il faut dire, manifestement, que la souveraineté n'appartient qu'à *Dieu,* « qui règne dans les cieux, comme dit Bossuet, et de qui relèvent tous les empires, à qui seul appartient la gloire, la majesté et l'indépendance ».

Sur la terre en effet, où serait-elle ?

Dans l'autorité politique ?

Certainement non, quoi qu'en disent des théoriciens d'un nationalisme néo-païen : si cette autorité politique n'est que celle d'un État. Car, entre l'autorité de cet État et celle d'un autre État, qui décidera en cas de conflit ? la guerre ? donc la force : et voilà subordonné aux chances d'une bataille le droit même de la souveraineté !

Des philosophes ingénieux ont cherché et prétendu trouver dans le système panthéiste une réponse à la difficulté et la raison profonde de la hiérarchie, que la pensée humaine, invinciblement attirée par le mirage de l'unité, s'attend à voir jusque dans les autorités concrètes, qui, à des degrés divers, impriment le mouvement au monde, en le gouvernant.

L'esprit du monde, d'après Hegel, s'individualiserait dans les esprits nationaux et passerait ainsi en une variété d'États, qui se trouvent entre eux dans un rapport d'indépendance souveraine. Il n'y a pas d'autorité qui puisse décider entre eux. Ils sont fatalement en guerre. Et celle-ci est l'état normal de l'humanité.

Dans cette action de l'esprit du monde, les peuples, les États, les individus sont des moyens périssables, tandis que l'esprit du monde s'élève, lui, toujours plus haut. Quand il arrive à un degré supérieur de culture, de force et d'intelligence, il exerce alors l'autorité souveraine : il est le droit absolu. Et la nation, le peuple, l'État dans lequel il s'incarne ainsi, domine légitimement tous les autres hommes. Quatre fois, déclare Hegel, l'esprit du monde a communiqué à un empire cette signification universelle et cette souveraineté : ce fut premièrement à l'empire oriental, secondement à l'empire grec, troisièmement à l'empire romain, quatrièmement, c'est, et ce sera définitivement, à l'empire germanique !

Fragiles constructions de rêveur, dira-t-on peut-être, en songeant aux leçons de la plus récente histoire. Ne nous hâtons pas de ne les considérer que comme les monuments exotiques d'une pensée étrangère. Sous une forme ou une autre, des philosophes ont essayé de les édifier parmi nous : et un grand maître de l'Université de France, Victor Cousin, prétendit un moment s'en faire l'architecte : il n'a même pas hésité devant les conséquences logiques de cette conception panthéistique de l'autorité souveraine, et, tout comme un Lambrecht ou un von Bernhardt, il a déifié la guerre.

Si comme je l'ai démontré, écrit-il, l'histoire, avec ses grands événements, n'est pas autre chose que le jugement de Dieu sur l'humanité, on peut dire que la guerre n'est autre chose que le prononcé de ce jugement et que les batailles en sont la promulgation éclatante; les défaites et les victoires sont les arrêts de la civilisation et de Dieu même sur un peuple...

J'ai absous la victoire comme nécessaire et utile ; j'entreprends maintenant de l'absoudre comme juste... de démontrer la moralité du succès... Puisqu'il faut bien qu'il y ait toujours un vaincu et que le vaincu soit toujours celui qui doit l'être, accuser le vainqueur et prendre parti contre la victoire, c'est prendre parti contre l'humanité et se plaindre du progrès de la civilisation. Il faut aller plus loin, il faut prouver que le vainqueur non seulement sert la civilisation, mais qu'il est meilleur, plus moral, et que c'est pour cela qu'il est vainqueur.

S'il n'en était pas ainsi, il y aurait contradiction entre la moralité et la civilisation, ce qui est impossible, l'une et l'autre n'étant que deux côtés, deux éléments distincts mais harmoniques de la même idée (1).

Si ces conséquences sont fausses, fausses aussi en sont les prémisses. Nous ne dirons donc pas qu'il existe un peuple, une nation, un État, dont l'autorité politique soit à tel point souveraine, qu'elle ne puisse trouver en dehors d'elle une autorité supérieure, dont elle n'aurait pas le devoir d'observer la loi.

Mais si cette autorité ne se trouve, de fait, en aucune société politique, où faudra-t-il donc la chercher? Sera-ce dans la société religieuse? Rien de moins exact que de le prétendre.

L'autorité religieuse et l'autorité politique sont distinctes et chacune est, dans son ordre, suprême et indépendante. Car les sociétés qu'elles régissent sont, chacune également dans leur ordre, des sociétés parfaites. S'il y a parfois subordination de l'une à l'autre, c'est quand, en matières mixtes, se pose la question de *la subordination des fins*, je veux dire de ce qui est matériel par rapport à ce qui est spirituel, de ce qui est terrestre par rapport à ce qui est céleste, de ce qui est temporel par rapport à ce qui est éternel, de ce qui est humain par rapport à ce qui est divin.

D'autre part, au sein même de la société religieuse, qui s'appelle l'Église catholique, et dont la tradition conserve seule la véritable notion de la société religieuse fondée par le Fils de Dieu fait homme, l'autorité, encore que la plus haute qui soit au monde dans l'ordre de la fin, n'est pas, à parler en rigueur, une souveraineté.

Dans les sociétés humaines, écrit Taparelli, il y a nécessairement une force, qui leur donne l'unité et la conservation ; quand cette force est prépondérante, suprême, indépendante, elle prend le nom de souveraineté ; cette force dirige toute la société vers l'acquisition du bien social,

<hr>

(1) *Introduction à l'histoire de la philosophie*. Paris, 1828, t. IX, p. 36-37.

et dans ce but, elle peut même, au besoin, changer les dispositions prises par les premiers fondateurs de la société. Car en ces derniers comme dans leurs successeurs, l'autorité provient en définitive de la nécessité de l'ordre et du bien social. Comme société composée d'hommes, l'Église doit nécessairement être gouvernée par des hommes; mais ces hommes ne peuvent évidemment pas avoir la même autorité que l'Homme-Dieu, qui conserve tout entière l'autorité suprême, qu'il possède comme fondateur de l'Église. L'autorité de ceux qui le remplacent ne peut pas modifier les institutions établies par Dieu lui-même pour tous les siècles, lesquels sont éternellement présents à ses yeux et prêts à accomplir ses volontés.

Ainsi le chef de l'Église ne peut être appelé souverain de l'Église au même titre que son divin fondateur : il gouvernera la société chrétienne, non pas comme successeur du Christ, mais comme son délégué, son lieutenant, comme son vicaire (1).

A la lumière de ces faits, la question des degrés à établir entre les autorités concrètes, dont nous constatons l'existence, paraît moins se résoudre que se compliquer.

Faut-il en conclure qu'elle est insoluble, et avouer tristement que le principe de la hiérarchie, sur lequel repose toute vie sociale, n'a cependant qu'une application restreinte, parce qu'au delà des frontières nationales tracées par l'épée de la victoire, il n'y a ni droit qui s'impose ni autorité qui puisse légitimement commander ?

La Chrétienté. Nos ancêtres ne l'ont point pensé. Et cherchant à modeler l'ordre terrestre sur l'ordre spirituel, ils reproduisirent dans la Cité quelque chose de ce qu'ils voyaient dans l'Église catholique. De là naquit *la Chrétienté*.

Semblable à plus d'une cathédrale du moyen âge, cette grandiose institution politique resta toujours inachevée. Elle s'éleva et grandit, comme une nef aux contreforts débiles. Peu à peu ses assises se trouvèrent bouleversées par le travail souterrain des légistes, des hérétiques, des philosophes, des rois absolutistes et des jacobins révolutionnaires. Et elle s'écroula en un jour d'orage.

La Société des Nations. Mais voici que l'idéal qu'incarnait la Chrétienté, s'impose aujourd'hui aux esprits les moins pénétrés de la tradition catholique. Sous le

(1) *Droit naturel*, n. 1453.

nom de *Société des Nations*, ils tentent d'en renouveler le bienfait sans conserver d'ailleurs les anciennes garanties, ils rêvent d'établir sur un droit international, dont les lois s'imposeraient à tous dans l'ordre politique, la hiérarchie nécessaire de l'autorité.

Nous n'avons pas à dire, présentement, les chances diverses de la tentative sous sa forme précise actuelle.

Mais si nous sommes logiques, nous, chrétiens et catholiques, nous ne pourrons pas ne pas attendre le terme, plus ou moins prochain, de cette évolution historique, qui associe sans confondre, qui, des familles isolées, a constitué les cités, des cités les patries provinciales, des provinces les nations, des nations les grands États modernes et qui, sous la double pression des faits économiques et des idées, pousse aujourd'hui l'humanité vers la réalisation moins imparfaite de son unité. Cependant, pour éviter tout ensemble et le danger de l'utopie et celui du despotisme, nous ne manquerons pas de subordonner la formule de nos espérances à celle de nos revendications. Car c'est en vain que pourrait s'édifier sur les ruines du monde, détruit par la grande guerre, une hiérarchie de l'autorité, si celle-ci reniant ses propres principes usurpait *la souveraineté* qui n'appartient qu'à Dieu.

*
* *

La philosophie de l'Evangile. « Il fut un temps, dit Léon XIII, où la *philosophie de l'Évangile* gouvernait les États.

A cette époque, l'influence de la sagesse chrétienne et sa divine vertu pénétraient les lois, les institutions, les mœurs des peuples, tous les rangs et tous les rapports de la société politique. Alors la religion instituée par Jésus-Christ, solidement établie au degré de dignité qui lui est dû, était partout florissante, grâce à la faveur des princes et à la protection légitime des magistrats. Alors le Sacerdoce et l'Empire étaient liés entre eux par une heureuse concorde et l'amical échange de bons offices.

Organisée de la sorte, la Cité donna des fruits supérieurs à toute attente dont la mémoire subsiste et subsistera, consignée qu'elle est dans d'innombrables documents que nul artifice des adversaires ne pourra corrompre ni obscurcir.

Si l'Europe chrétienne a dompté les nations barbares et les a fait passer de la férocité à la mansuétude, de la superstition à la vérité ; si elle a repoussé victorieusement les invasions musulmanes ; si elle a gardé la suprématie de la civilisation et si, en tout ce qui fait l'honneur de l'huma-

nité, elle s'est constamment, partout, montrée guide et maîtresse ; si elle
a gratifié les peuples de la vraie liberté sous ses diverses formes ; si elle
a très sagement fondé une foule d'œuvres pour le soulagement des
misères, il est hors de doute qu'elle en est grandement redevable à la
religion sous l'inspiration et avec l'aide de laquelle elle a accompli de si
grandes choses » (1).

Cette influence civilisatrice de la religion chrétienne, voilà
plus d'un siècle que les pouvoirs établis dans la Cité, loin de
consentir à l'accepter, s'efforcent de la combattre. En conséquence, l'autorité de tous côtés s'ébranle. Sa notion s'obscurcit.
Ses détenteurs, quels qu'ils soient, n'apparaissent plus aux
yeux des peuples que comme les derniers témoins d'un régime
de privilèges, qu'emportera *au grand soir* la révolution démocratique et sociale.

Or, ce que doivent être les fruits de cette révolution, Proudhon, que nous avons cité au début de cette étude, l'a annoncé,
en une page brûlante de colère où, sur une vision d'apocalypse,
passent des lueurs de sang :

Quand, dit-il, le gouvernement sera sans ressources ; quand le pays
sera sans production et sans commerce ;

Quand Paris affamé, bloqué par les départements ne payant plus, n'ex-
pédiant plus, restera sans arrivages ;

Quand les ouvriers, démoralisés par la politique des clubs et le chô-
mage des ateliers, chercheront à vivre n'importe comment ;

Quand l'État requerra l'argenterie et les bijoux des citoyens pour les
envoyer à la Monnaie ;

Quand les perquisitions domiciliaires seront l'unique mode de recou-
vrement des contributions ;

Quand les bandes affamées parcourant le pays organiseront la maraude ;

Quand le paysan, le fusil chargé, gardant sa récolte, abandonnera sa
culture ;

Quand la première gerbe aura été pillée, la première maison forcée, la
première église profanée, la première torche allumée, la première
femme violée ;

Quand le premier sang aura été répandu ;

Quand la première tête sera tombée ;

Quand l'abomination de la désolation sera par toute la France ;

Oh ! alors vous saurez ce que c'est qu'une révolution sociale ; une multitude déchaînée, armée, ivre de vengeance et de fureur ; des piques, des
haches, des sabres nus, des couperets et des marteaux ; la Cité morne et
silencieuse ; la police au foyer de la famille, les opinions suspectées, les

1) Encycl. *Immortale Dei*.

paroles écoutées, les larmes observées, les soupirs comptés, le silence épié, l'espionnage et les dénonciations, les réquisitions inexorables, les emprunts forcés et progressifs, le papier-monnaie déprécié, la guerre civile et l'étranger sur les frontières, les proconsuls impitoyables, le comité de salut public, un comité suprême au cœur d'airain :

Voilà les fruits de la révolution dite démocratique et sociale.

Aux paroles du théoricien Proudhon correspondent aujourd'hui les actes du praticien Lenine. De la Russie en feu sort un avertissement et une menace. Verrons-nous ce qu'elle voit ?

L'avenir est un secret. Mais le présent est un devoir : celui d'opposer à la fureur révolutionnaire, qui s'attaque à toutes les autorités sociales, et les voudrait niveler, la pacifique et bien-faisante action de la *véritable autorité.*

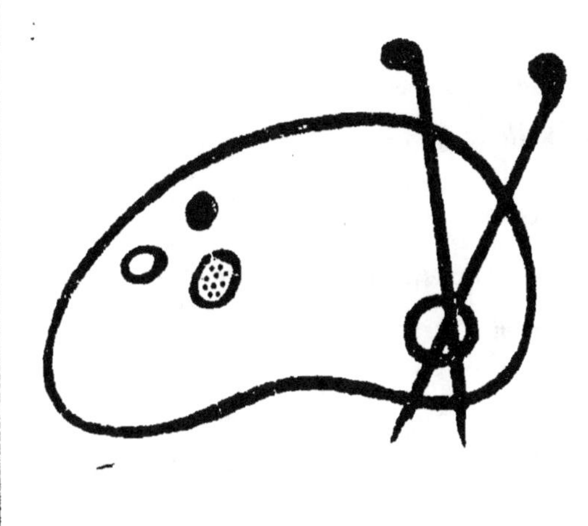

Original en couleur

NF Z 43-120-8

TABLE DES MATIÈRES

Nihil obstat
Parisiis, die 5ᵉ Maii 1920,
H. DU PASSAGE.

IMPRIMATUR
Parisiis, die 6ᵉ Maii 1920,
G. LEFÉBVRE,
v. g.